¿Qué hacen los ingenieros de *software*?

Carreras en computación

Rachael Morlock

COMPUTACIÓN CIENTÍFICA EN EL MUNDO REAL™

Rosen Classroom™

Publicado en 2018 por The Rosen Publishing Group, Inc. 29 East 21st Street, New York, NY 10010

Autora: Rachael Morlock
Traductor: Alberto Jiménez
Directora editorial, español: Nathalie Beullens-Maoui
Editora, español: María Cristina Brusca
Editora, inglés: Caitie McAneney
Diseño del libro: Jennifer Ryder-Talbot

Todas las ilustraciones por Contentra Technologies

Library of Congress Cataloging-in-Publication Data

Names: Morlock, Rachael.
Title: ¿Qué hacen los ingenieros de software? Carreras en computación / Rachael Morlock.
Description: New York : Rosen Classroom, 2018. | Series: Niños digitales: Superdotados con pensamiento computacional / Computación científica en el mundo real | Includes glossary and index.
Identifiers: LCCN ISBN 9781538358078 (pbk.) | ISBN 9781538329009 (library bound) | ISBN 9781538358085 (6-pack) | ISBN 9781538358092 (ebook)
Subjects: LCSH: Computer software--Development--Juvenile literature. | Computer programming--Vocational guidance--Juvenile literature.
Classification: LCC QA76.76.D47 M667 2018 | DDC 005.1--dc23

Photo Credits: Cover goodluz/Shutterstock.com;p. 4-5 Dragon Images/ Shutterstock.com; p. 7 Georgejmclittle/Shutterstock.com; p. 8 Monkey Business Images/ Shutterstock.com; p. 11 michaeljung/Shutterstock.com; p. 12-13 nd3000/ Shutterstock.com; p. 15 Zakharchuk/Shutterstock.com; p. 16 science photo/ Shutterstock.com; p. 19 Herrndorff/Shutterstock.com; p. 20-21 ESB Professional/ Shutterstock.com.

Información de cumplimiento CPSIA Lote #WS18RC: Si desea más información póngase en contacto con Rosen Publishing, New York, New York, teléf. 1-800-237-9932

Contenido

La era del *software*

El *software* es crucial en nuestro mundo. Sin él, no tendríamos sitios web ni teléfonos inteligentes ni videojuegos ni correos electrónicos. Los programas y los sistemas que hacen que las computadoras y otros dispositivos electrónicos funcionen de cierta forma se llaman *software*. En una computadora, el *software* trabaja con el *hardware* (las partes físicas, como el monitor, el teclado, los chips y las impresoras); cada vez que la usamos para buscar en línea, jugar, charlar con amigos o redactar un trabajo, utilizamos el *software* creado para esos fines.

¿Quién hace el *software*? Son los ingenieros de *software* quienes lo **diseñan**, **desarrollan**, **mantienen**, prueban y **evalúan**. Combinando sus conocimientos de matemáticas, ciencia computacional e ingeniería crean los útiles programas de computadora.

La ingeniería es el proceso de crear y desarrollar herramientas. La ingeniería de *software* consiste en elaborar programas de computadora.

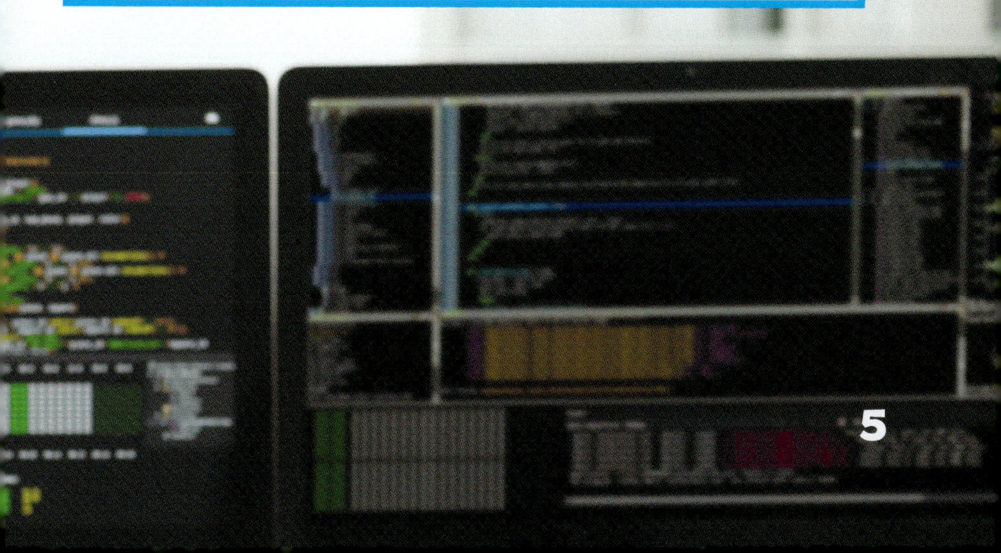

Aplicaciones de computadora

A veces, los ingenieros de *software* se dedican a las **aplicaciones**, o ***apps*** (abreviatura del inglés *applications*). Estudian las necesidades de los futuros usuarios de la *app* y, cuando tienen claro lo que debe hacer el *software* para ser útil y productivo, lo diseñan y lo construyen.

Pero el trabajo no acaba después de la construcción. Tienen que hacer muchas pruebas para saber si el *software* funciona bien y alcanza sus objetivos. Además, son responsables de su mantenimiento. Si, por ejemplo, crearon un sitio web o una *app* para un teléfono inteligente, tienen que seguirle la pista para asegurarse de que contenga información actualizada y siga funcionando como es debido.

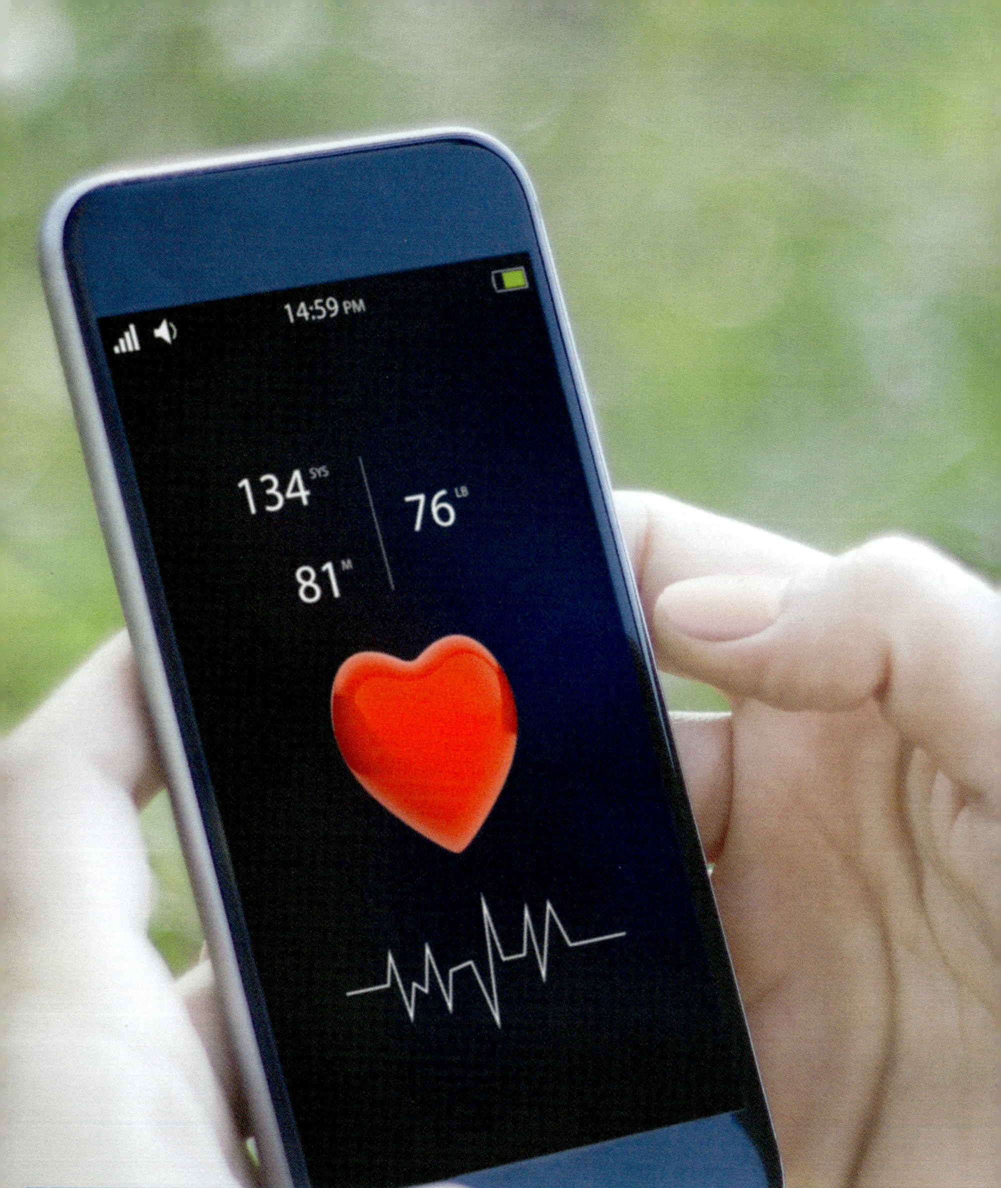

Los ingenieros de *software* desarrollan muchos tipos de aplicaciones. Su objetivo es hacer un *software* útil, como una *app* de teléfono inteligente que nos ayude a controlar nuestra salud.

mantener sistemas computacionales

instalar programas

mejorar sistemas

Sistemas

Ingeniero de *software*

instalar intranets

mantener la seguridad

dar **soporte técnico**

Los ingenieros de sistemas de *software* se centran en los objetivos y requisitos de una organización. Ayudan a instalar el mejor *software* para una oficina.

Sistemas computacionales

A veces los ingenieros de *software* se centran en desarrollar sistemas computacionales para la empresa o la organización donde están empleados. Su trabajo consiste en elaborar sistemas útiles, seguros y conectados que respondan a las necesidades de su grupo. Suelen instalar intranets: redes en línea que conectan las computadoras y los usuarios de la organización.

Los que trabajan en sistemas computacionales de otras compañías, **investigan** los objetivos y necesidades de la organización para decidir qué sistemas y programas les vendrían mejor. Además, proporcionan consejo y **soporte técnico**. Después explican, instalan, mantienen y reparan los sistemas, para asegurarse de que la organización cuente con el *software* que necesita para funcionar bien.

¿Dónde trabajan los ingenieros de *software*?

Estos ingenieros desempeñan un importante papel en casi todas las **industrias**. Muchos de los sitios a los que vamos, del cine a la biblioteca, confían en el *software* para su quehacer diario. Ya sea que proporcionen servicios, fabriquen objetos o vendan bienes, la mayoría de las organizaciones lo utilizan. En consecuencia, los ingenieros de *software* trabajan en empresas, centros escolares, agencias gubernamentales, etc. Los empleos van en aumento en el campo de la medicina, la energía alternativa, la fabricación de autos, la **aeronáutica** y cualquier otro tipo de tecnología.

Como las computadoras son su principal herramienta, muchos trabajan en oficinas, pero también en laboratorios o centros de investigación, y otros desde su propia casa. Pueden trabajar para una sola empresa o para varias.

En ocasiones, los ingenieros desarrollan el *software* que permite a las computadoras probar y controlar maquinaria.

Trabajo en equipo

Muchos ingenieros de *software* forman parte de un equipo, cuyos miembros realizan distintas tareas en función de la organización para la que trabajen. En una empresa grande, colaboran con ingenieros de *hardware*, diseñadores artísticos, fabricantes o vendedores. Toman una idea y la convierten en algo producible y vendible.

Algunos miembros del equipo pueden encargarse de una sola parte del *software*, como la programación.

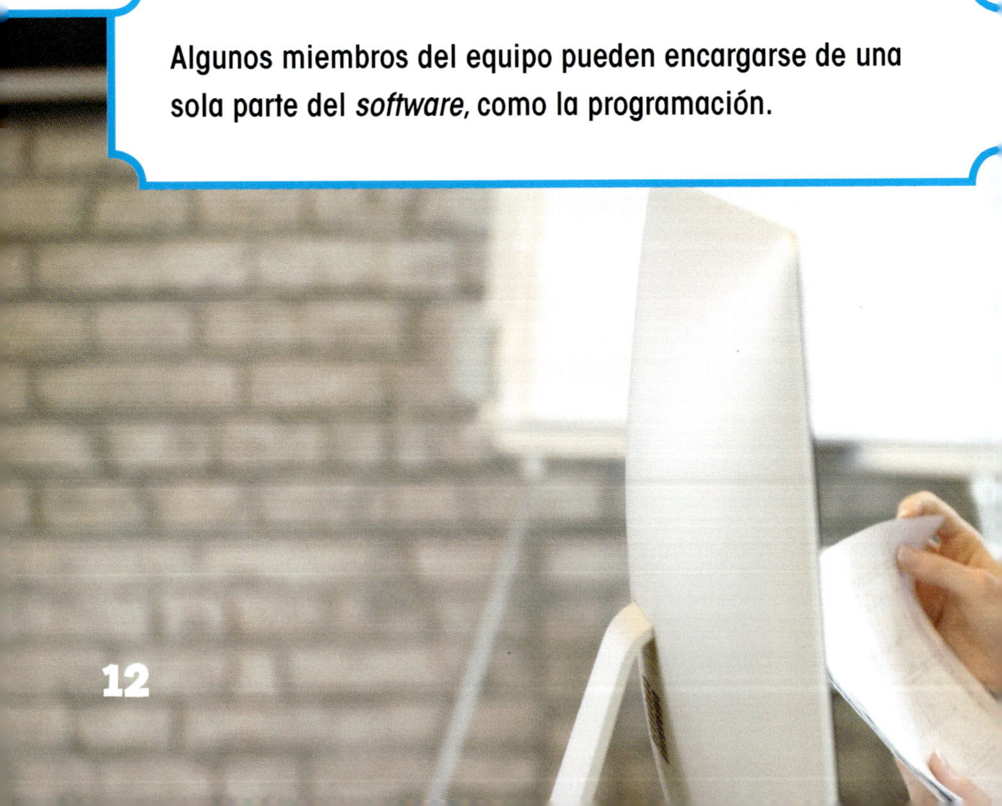

En los proyectos pequeños, los ingenieros de *software* son a veces responsables de completar todas las tareas por sí solos. En los grandes, más complejos, suelen colaborar con otros ingenieros de *software*, por lo que las labores de diseño, programación, prueba y evaluación se reparten entre los miembros del equipo. Al contar con muchos **expertos**, la creación del *software* resulta más fácil y eficiente.

Programación

Para desarrollar programas y sistemas, los ingenieros de *software* tienen que saber lenguajes de programación. Programar es el proceso de dar instrucciones ordenadas y detalladas que indiquen a la computadora qué hacer. El ingeniero de *software* debe dividir las acciones en pasos simples que la máquina pueda seguir. Ese conjunto de instrucciones, llamado ***algoritmo***, se comunica a la computadora mediante un lenguaje de programación. El acto de **traducir** las instrucciones a ese lenguaje se denomina ***programar***.

Como hay varios lenguajes de programación, el ingeniero puede elegir el más conveniente para su *software*. Entre los más populares están C, C# y Java.

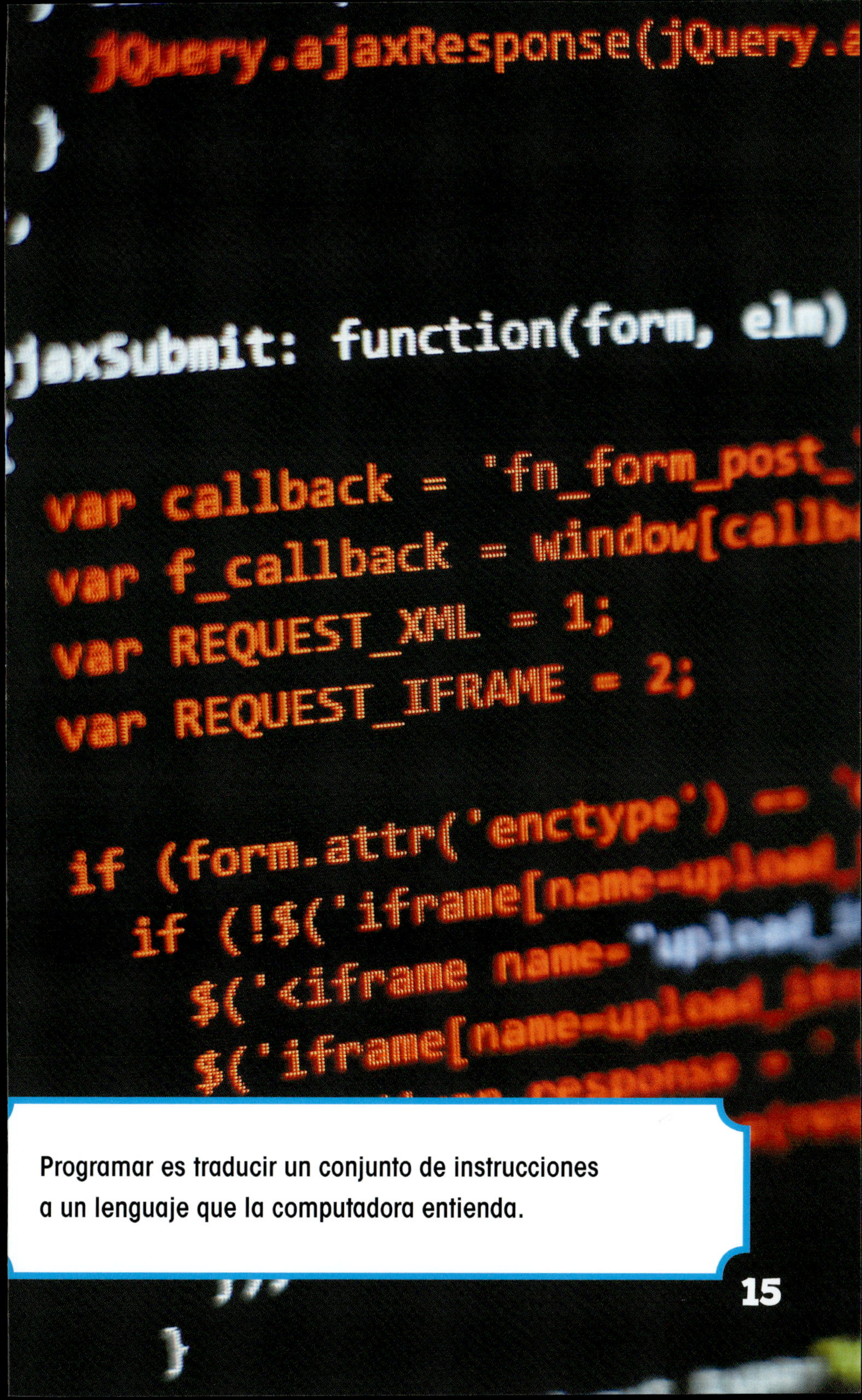

Programar es traducir un conjunto de instrucciones a un lenguaje que la computadora entienda.

El *software* es una importante herramienta para usar impresoras 3D como esta. Para depurar el *software,* conviene mirar el problema desde varios ángulos.

Perseverancia y resolución de problemas

El diseño de *software* puede ser todo un reto. Los ingenieros utilizan la resolución de problemas para eliminar los virus de un programa. En ciencia computacional, el acto de identificar un problema, examinarlo y resolverlo se llama ***depuración***. Los errores y los retos forman parte de cualquier proceso creativo. Lo importante es tomarse tiempo para depurar los problemas y crear un producto que funcione.

Antes de dar por acabado el *software*, hay que probarlo bien. Se usa para cosas muy importantes, así que sus diseñadores deben crear productos fiables y sin errores. Probarlos ayuda a localizar y arreglar sus puntos débiles. El ingeniero debe ser **perseverante**, y probar una y otra vez su *software* hasta que funcione.

¡*Software* por doquier!

Pensemos en algo tan corriente como ir al médico. La enfermera tomará nuestros datos: estatura, peso, etc., y los introducirá en una computadora que usará *software* para almacenar la información de cada paciente. La ingeniería de *software* crece en el campo de la medicina. Sirve para crear bases de datos, programar robots que ayudan en cirugía y dirigir los dispositivos que se usan en la asistencia sanitaria.

Las computadoras y los dispositivos móviles, como los teléfonos inteligentes, son cada vez más comunes, así que las oportunidades para los ingenieros crecen. Los granjeros utilizan *software* para revisar sus cosechas, los pilotos para pilotar aviones, las fábricas para las partes robóticas, los mecánicos para reparar autos y los niños para visitar sitios web interactivos. Y, como la tecnología sigue evolucionando, se inventará nuevo *software*.

A menudo, la ingeniería de *software* sirve para desarrollar robots de líneas de montaje y máquinas dirigidas por computadora.

Ser ingeniero de *software*

¡La ingeniería de *software* es más popular que nunca! Como tiene tantas aplicaciones, hay muchas salidas para la gente con talento. Sin embargo, no solo se trata de saber utilizar computadoras y dispositivos, de aprender lenguajes de programación y de programar. Los ingenieros de *software* deben saber comunicarse, organizarse, trabajar con dedicación y ser perseverantes al resolver problemas.

Muchas de las habilidades técnicas que precisa el ingeniero de *software* se pueden aprender en la escuela. Además, podemos estudiar por cuenta propia mediante programas en línea, cursos intensivos o manuales. La mayoría de los ingenieros que trabajan han obtenido títulos universitarios en ciencia computacional o ingeniería de *software*. Trabajar y hacer prácticas da también la oportunidad de aprender.

Los niños tienen muchas formas de aprender la ciencia computacional. La escuela y la biblioteca local suelen tener clases o materiales que ayudan a empezar.

Un trabajo popular

En 2014 había un millón de ingenieros de *software* trabajando en Estados Unidos, y esa cifra aumentará con el desarrollo tecnológico. ¡No es difícil entender por qué se trata de un trabajo tan popular! Quienes desarrollan *software* tienen la oportunidad de crear algo útil que ayude a gente de todo el planeta.

Cada día, estos ingenieros encuentran nuevas y mejores formas de hacer las cosas. Siempre están aprendiendo nuevas tecnologías, lenguajes de programación y maneras de mejorar el mundo que los rodea. Como hay *software* por todas partes, su ingeniería se relaciona con la ciencia, el arte o cualquier otro tema. Si te interesan las computadoras, la resolución de problemas y la creación de cosas nuevas, ¡las posibilidades de la ingeniería de *software* son infinitas!

Glosario

aeronáutica: Ciencia de la navegación aérea.

aplicación (*app*): Programa de computadora que realiza una tarea.

desarrollar: Crear o producir a través de un proceso.

diseñar: Hacer un esquema que muestre el aspecto o el funcionamiento de algo.

evaluar: Determinar la condición o el valor de algo.

experto: Persona con gran conocimiento de un tema.

industria: Negocio que proporciona un producto o servicio.

investigar: Estudiar a fondo para encontrar algo nuevo.

mantener: Cuidar de algo haciendo reparaciones o cambios cuando se precise.

perseverar: Seguir haciendo algo a pesar de los retos.

soporte técnico: Ayuda con los problemas computacionales.

traducir: Expresar algo en otro idioma.

Índice